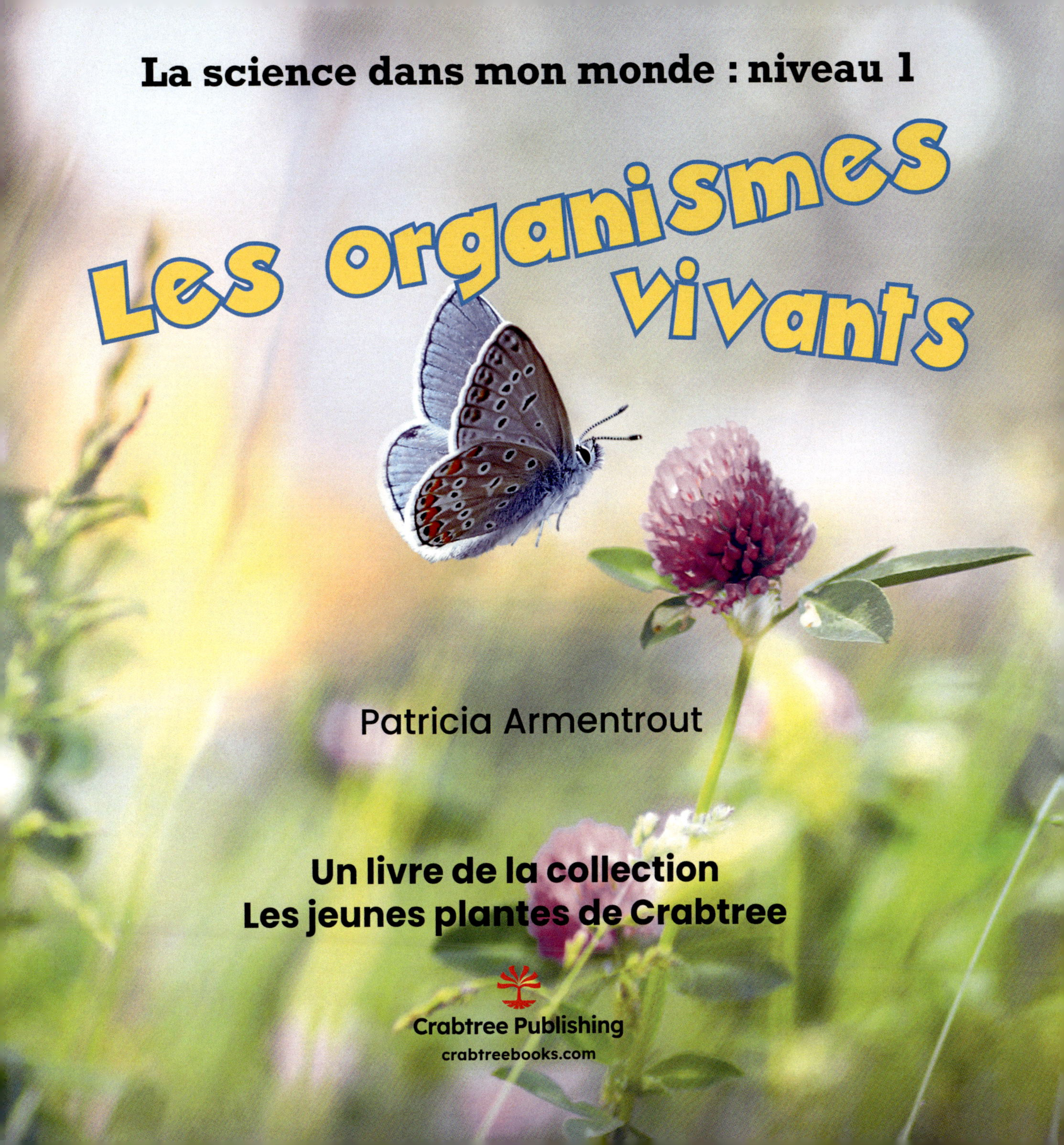

La science dans mon monde : niveau 1

Les organismes vivants

Patricia Armentrout

Un livre de la collection
Les jeunes plantes de Crabtree

Crabtree Publishing
crabtreebooks.com

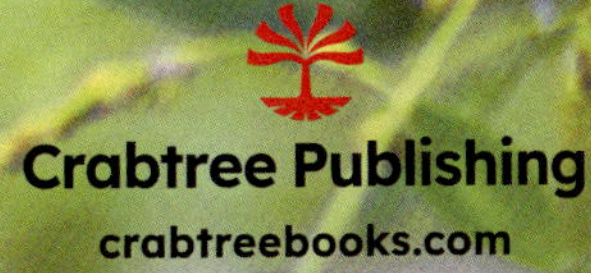

Table des matières

Vivant ou inerte?

Les gens, les plantes et les animaux sont des organismes vivants. Tous les organismes vivants ont besoin de nourriture, d'eau et d'air pour vivre.

Les choses inertes n’ont pas besoin de nourriture, d’eau ou d’air.

vivant

inerte

La vie animale

Tous les animaux sont des choses vivantes qui peuvent manger, respirer, avoir des bébés, grandir et changer.

Les humains, les papillons et les serpents sont tous des animaux. Nous classons les animaux en groupes.

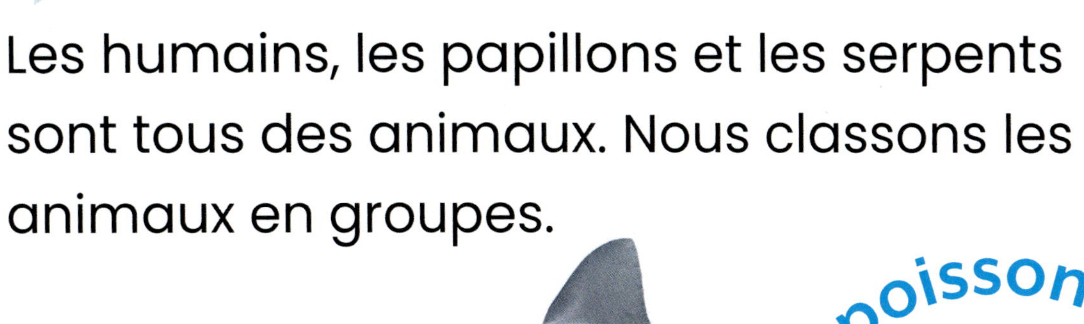

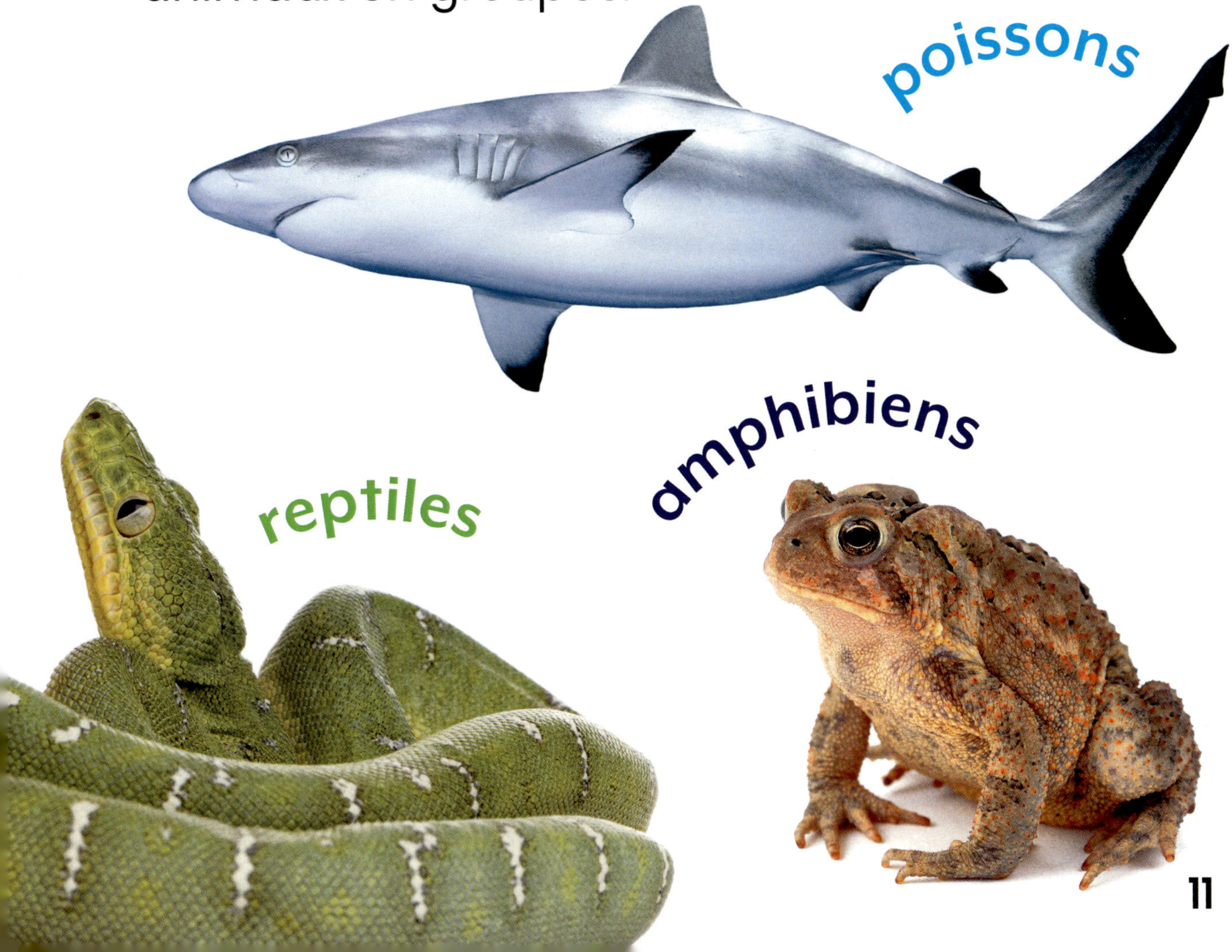

amphibiens

reptiles

Tous les animaux ont besoin de nourriture et d'eau. Les animaux trouvent de la nourriture et de l'eau dans leur **habitat**.

Différents animaux vivent dans différents habitats.

Les animaux utilisent leurs **sens** pour vivre et rester en sécurité.

La vie végétale

De nombreuses plantes
proviennent de **graines**.

Les graines forment des racines et des **tiges**.
Les tiges forment des feuilles.

feuilles
tige
racines

Les feuilles **absorbent** la lumière du soleil et aident la plante à produire de la nourriture.

La tige tient la plante bien droite.

Les racines prennent l’eau dans le sol.

De nombreuses plantes ont des fleurs. Les fleurs ont des **pétales** et produisent des graines.

Les pétales attirent les insectes.

Les cycles de vie

Tous les organismes vivants ont un **cycle de vie**. Ils naissent, grandissent, deviennent des adultes et ont des bébés, ce qui commence un nouveau cycle de vie.

GLOSSAIRE

absorbent (ab-ssorb) : Boire un liquide

cycle de vie (ssi-kle de vi) : Une série de changements que tous les organismes subissent, de la naissance à la mort

graines (graine) : Les parties d'une plante à partir desquelles une nouvelle plante peut pousser

habitat (a-bi-ta) : Un lieu où vit une plante ou un animal

pétales (pé-tal) : Les parties externes colorées d'une fleur

sens (ssanss) : Facultés ou impressions utilisées par les gens et les animaux pour découvrir leur environnement, comme la vue, le toucher, l'ouïe, le goût et l'odorat

tiges (tij) : La longue partie principale des plantes sur laquelle les feuilles et les fleurs poussent

INDEX

Soutien de l'école à la maison pour les parents, les gardiens et les enseignants

Ce livre aide les enfants à se développer grâce à la pratique de la lecture. Voici quelques exemples de questions pour aider le lecteur ou la lectrice à développer ses capacités de compréhension. Les suggestions de réponses sont indiquées en rouge.

Avant la lecture

- **De quoi ce livre parle-t-il?** *Je pense que ce livre parle des plantes et des animaux. Je pense que ce livre parle des organismes vivants.*
- **Qu'est-ce que je veux apprendre sur ce sujet?** *Je veux apprendre la différence entre vivant et inerte. Je veux en apprendre plus sur les animaux et leur habitat.*

Pendant la lecture

- **Je me demande pourquoi...** *Je me demande pourquoi les humains sont classés dans le groupe des animaux. Je me demande pourquoi les plantes font leur propre nourriture.*
- **Qu'est-ce que j'ai appris jusqu'à présent?** *J'ai appris que la tige d'une plante la tient bien droite. J'ai appris que les racines absorbent l'eau dans le sol.*

Après la lecture

- **Nomme quelques détails que tu as retenus.** *J'ai appris que les pétales colorés des fleurs attirent les insectes. J'ai appris que les habitats sont les différents lieux où vivent les plantes et les animaux.*
- **Lis le livre à nouveau et cherche les mots du glossaire.** *Je vois le mot **graines** à la page 16 et le mot **absorbent** à la page 19. Les autres mots du glossaire se trouvent à la page 23.*

Crabtree Publishing

crabtreebooks.com 800-387-7650

Version imprimée du livre produite conjointement avec Blue Door Education en 2021.

Catalogage avant publication de Bibliothèque et Archives Canada

Titre: Les organismes vivants / Patricia Armentrout ; texte français d'Annie Evearts.
Autres titres: Living things. Français.
Noms: Armentrout, Patricia, auteur.
Description: Mention de collection: La science dans mon monde : niveau 1 | Les jeunes plantes de Crabtree | Tra duction de : Living things. | Comprend un index.
Identifiants: Canadiana (livre imprimé) 20210265833 | Canadiana (livre numérique) 20210265876 | ISBN 9781039609228 (couverture souple) | ISBN 9781039609297 (HTML) | ISBN 9781039609365 (EPUB)
Vedettes-matière: RVM: Vie (Biologie)—Ouvrages pour la jeunesse. | RVM: Organismes—Ouvrages pour la jeunesse. | RVMGF: Documents pour la jeunesse.
Classification: LCC QH309.2 .A7614 2022 | CDD j570—dc23

Publié au Canada par Crabtree Publishing
616 Welland Avenue
St. Catharines, Ontario
L2M 5V6

Publié aux États-Unis par Crabtree Publishing
347 Fifth Avenue
Suite 1402-145
New York, NY 10016

Autrice : Patricia Armentrout
Traduction : Annie Evearts

Références photographiques : www.shutterstock.com - www.istock.com. Couverture © Chesapeake Images, David W Crippen,Dmitriy Shironosov, Smit, Ozerov Alexander, page de titre ©LedyX; p. 4-5 ©cumulus_humilis, Eric Isselée, Thomas M Perkins; p. 6-7 © charles taylor, GRAPIX, terekhov igor; p. 8-9 © Lindsey Elfinge, mmaxer, Darren Brode, Miroslav Tolimir, Dino, igor kisselev; p. 10-11 © Monkey Business Images, Leksele, Trina Mole, Eric Isselée, cbpix, James DeBoer, ingret, Dole Klefr, Pichugin Dmitry, DesmondLWF, Rey Kamensky; p. 12-13 © Jan Martin Will, Sean Randall, John A. Anderson, ecoventurestravel; p. 14-15 © Stefanie van der Vinden, David Dohnal, Rafal Olechowski, Luo Xi, krugloff; p. 16-17 © sharon kingston, Andrea Danti: p. 18-19 © Andrea Danti; p. 20-21 © Nakic: p. 21 © irin-k, p. 22 © Wegit.

Paperback	978-1-0396-0922-8
Ebook (pdf)	978-1-0396-0929-7
Epub	978-1-0396-0936-5
Read-along	978-1-0398-0460-9
Audio book	978-1-0396-6739-6

Imprimé au Canada/022024/CP20240215